AF335804

Double à Liège

germaine

EDICT DV ROY.

POVR LE DESSEI-chement des Maraiz.

Publié en Parlement le 23. Auril 1613.

Ensemble les Declarations & Arrests in-
teruenus en consequence d'iceluy.

Ianvier 1607

A PARIS,

Par FED. MOREL, & P. METTAYER,
Imprimeurs ordinaires du Roy.

M. DC XXII.

Auec Priuilege de sa Maiesté.

Fr 46917 (1)

Janvier
1694

EDICT DV ROY, POVR
le desseichement des Maraiz.

HENRY par la grace de Dieu, Roy de France & de Nauarre, A tous presens & à venir, Salut. Entre tous les moyens licites que nous auons recherchez pour soulager & enrichir nos subjets, depuis nostre aduenement à ceste Couronne, ayant recognu que le reuenu de la terre estoit le plus vtile & asseuré, côme estant celle qui produit les fruicts, & les matieres propres pour toutes sortes de nourritures, d'ouurages & manufactures qui sont au commerce des hommes. Nous auons à ceste occasion desiré & fait rechercher les moyens de faire desseicher vn grand nombre de maraiz, palus, & terres inondees en plusieurs endroits de nostre Royaume, desquels le fonds est bon & fertile, s'il estoit en l'estat d'estre cultiué, Pour lequel nostre desseing effectuer, Nous auons mandé & fait venir des pays Bas le sieur Humfrey Bradleij Gentilhomme du pays de Brabant, natif de Bargues sur le Zoom nostre maistre des digues, personnage fort experimenté & entendu aux desseichemens & diguages des terres inondees. Sur les ouuertures duquel nous aurions fait nostre Edict du mois d'Auril 1599. Mais ledit Bradleij s'estant mis en

deuoir de faire trauailler au deſſeichement de pluſieurs maraiz de noſtre Royaume, il y auroit eſté
interrompu par les trauerſes, procés, oppoſitions
& autres procedures, par la longueur deſquelles
ſes ouurages eſtans demeurez en aucuns lieux, les
eaües ont regaigné les terres, & rendu la pluſpart
de ſon trauail quaſi inutile. Comme auſſi ceſte entrepriſe eſtant de grand ſoing, & ne ſe pouuant
executer ſaus vne grande aduance de deniers, à
quoy ledit Bradleij ne pouuoit pas ſeul ſuffire, il ſe
ſeroit aſſocié auec des perſonnages de qualité, de
merite, d'induſtrie, & de grands moyens : entre
leſquels ſont les ſieurs Hieroſme de Comans noſtre
Conſeiller & Maiſtre d'Hoſtel ordinaire, Marc de
Comãs, les enfans de defunct Gaſpard de Comans
Gentilshommes du pays de Brabant, François de
la Planche, Gentilhomme Flamant, & Hieroſme
Vanuſſe Gentilhomme dudit pays de Brabant, tant
pour eux que reſpectiuement chacun d'eux pour
leurs autres aſſociez, pour leſquels ils ſe font &
portent forts. Tous leſquels nous ont fait entendre qu'ils eſtoiét reſolus de pourſuiure ceſte entrepriſe, & rendre leſdits maraiz & palus deſſeichez en
nature de terres labourables, prez, & paſtis, y faire
baſtir des maiſons, & des bourgs & villages, pour
y retirer & faire habiter pluſieurs familles de Fla-
mands, Hollandois, & autres Eſtrangers, qu'ils y
feront venir pour faire valoir leſdites terres, & en
retirer la pluſpart des commoditez requiſes pour
la vie humaine, pourueu qu'il nous pleuſt auoir
leur entrepriſe agreable, & pouruoir aux difficultez
& inconueniens, par leſquels les ouurages dudit

deſſeichement ont eſté cy deuant arreſtez & inter-
rompus , & leur accorder les priuileges & immunitez portees par les articles qu'ils nous ont pre-
ſentez , pour iouyr librement du fruict de leurs la-
beurs , grandes riſques & aduances qui ſont à faire
en ceſte entrepriſe. Nous apres auoir veu leurs
articles & demandes & icelles fait voir aux Princes,
Prelats , Seigneurs & notables perſonnages de noſtre Conſeil , SÇAVOIR FAISONS que de
l'aduis d'iceluy, de noſtre certaine ſcience, pleine
puiſſance & auctorité Royale , Auons dit , ſtatué
& ordonné , diſons , ſtatuons & ordonnons par ces
preſentes, voulons & nous plaiſt, ce qui ſenſuit.

PREMIEREMENT.

QVE l'Edict fait au mois d'Auril 1599. pour
ledit deſſeichement verifié au Parlement de
Paris le 15. Nouembre ſuiuant, ait lieu, & ſorte ſon
plein & entier effect , pour tous les ſuſdits aſſociez
& entrepreneurs , ſuiuant leur contract d'aſſociation , tout ainſi que ſ'ils eſtoient deſnommez en
iceluy ſelon les ampliations, modifications & interpretations contenues en noſtre preſente Declaration , & ce pour vingt ans , à commencer du iour
que ceſtedite Declaration aura eſté verifiee en chacun Parlement.

II.

Et pour autant que pour l'execution de ceſte
entrepriſe profitable au public, nous recognoiſ-
ſons qu'il faut vn grand fonds de deniers , & vne
continuelle aſſiſtance de perſonnes experimentees

aux affaires : Nous auons declaré & declarós auoir ladite aſſociation pour agreable, & permis & permettons à toutes perſonnes tant Eccleſiaſtiques, Nobles , Officiers , que du tiers Eſtat , de quelque qualité qu'ils ſoient ou puiſſent eſtre , d'eſtre & entrer en ladite ſocieté , ſans pour ce preiudicier ne deroger à leurs charges, dignitez, priuileges, exemptions, immunitez & autres prerogatiues.

III.

Auons auſſi permis & permettons auſdits entrepreneurs de faire trauailler audit deſſeichemeent & canaux nauigables qui ſe feront eſdits maraiz, non ſeulement en vertu dudit Edict faict en leur faueur , mais auſſi en vertu des contracts qu'ils ont faicts ou pourront faire de gré à gré auec tous Princes, Seigneurs, Eccleſiaſtiques, Communautez, ou autres particuliers : auquel cas les clauſes & conuentions portees & contenues par leurs contracts, ſeront entretenues, encores qu'elles ne fuſſent conformes au contenu dudit Edict , ains plus ou moins aduantageuſes pour eux , pourueu qu'il n'y ait rien eſdits contracts qui ſoit contre le droict public & les Couſtumes des lieux , que les particuliers ſont tenus de ſuiure & garder.

IIII.

Et d'autant que leſdits entrepreneurs aſſociez nous ont faict entendre qu'encores que leur intention ſoit de traitter de gré à gré auec tous les proprietaires & vſagers deſdits maraiz pour l'achapt d'iceux , tant particuliers que communautez ; il pourroit neantmoins aduenir qu'eux ayans acquis en vne meſme eſtendue & continée la plus grand part du territoire, ceux à qui la moindre part appartiendroit, y feroient difficulté ou refus de traitter auec eux aux mefmes conditions des autres, qui y auroient le plus grand intereft : ce qu'arriuant, ils feroient contraints de ceffer leurs ouurages, & quitter leurs marchez, pour ne trauailler & faire de grands fraiz au profict d'autruy. Pour à quoy remedier, Nous auons ordonné & ordonnons, Que les proprietaires, vfagers, & autres pretendans droict ou intereft efdits maraiz, qui ne voudront s'accorder auec lefdits entrepreneurs, feront contraincts par nos Iuges des Sieges plus prochains, ou par les Commiffaires qui à ce feront deputez, de faire vente de leurs parts defdits maraiz, aux mefmes prix & conditions des autres qui y en auroient la plus grand part : fi mieux ils n'aiment laiffer & quitter leurfdites terres & maraiz pour leur iufte prix & valeur, felon l'eftimation qui en fera faicte par lefdits Iuges ou Commiffaires par l'aduis d'experts. Et ce qu'aura efté ordonné par lefdits Iuges ou Commiffaires tiendra & fera executé par prouifion, nonobftant oppofitions ou appellations quelfconques, fans que par denonciation de nouuel œuure, complainte ou autrement, lefdits proprietaires ou vfagers qui auront faict ledit refus, puiffent empefcher ou retarder l'ouurage entrepris : pourueu que, fi lefdits proprietaires ou vfagers choififfent de receuoir le prix, ils en foient payez & fatisfaicts par lefdits entrepreneurs, ou bien qu'ils ayent configné deüement à leur refus, felon & ainfi qu'il fera ordonné par les Iuges ou Commiffaires.

V.

Et pour leur donner plus de courage d'entreprendre & de facilité d'executer ce dessein, Auons encores ordonné, Que tous materiaux, comme briques, pierres, chaux, bois & autres semblables: ensemble toutes sortes d'oustils qui peuuent seruir tant au desseichement des maraiz & terres inondees, qu'à la construction des eschenaux, canaux nauigables, ponts, escluses, & tous autres edifices & bastimens qu'ils voudront faire esdits maraiz concernans le desseichement d'iceux, seront & passeront libres & exempts du payement de tous peages, pontages, & toutes autres charges & contributions qui se payent aux passages, de quelque part que leur commodité soit, de les auoir & tirer, soit par eauë, soit par terre, dequoy nous les auons exemptez & deschargez, exemptons & deschargeons par ces presentes: & faisons tres-expresses inhibitions & defenses à toutes personnes d'exiger & prendre aucune chose d'eux pour ce regard.

VI.

Comme aussi nous leur auons permis & permettons de faire venir toutes sortes de bestiaux, soit des autres Prouinces de ce Royaume ou pays estrangers, pour en peupler lesdits maraiz qui seront par eux desseichez, en payant neantmoins par eux les droicts qui nous sont deubs és lieux & passages où ils sont establis, tout ainsi que tous nos autres subjets.

VII.

Et afin que lesdits entrepreneurs ne soient diuertis de faire trauailler au desseichement des maraiz

& terres

& terres inondees qu'ils auront acquises à quelque
tiltre que ce soit, de crainte qu'elles soient retirees
par les lignagers ou seigneurs feodaux apres qu'ils
les auroient mises en bonne nature auec beaucoup
de peine & fraiz; Ordonnons que le retraict lignager & seigneurial n'aura point de lieu pour les pre-
mieres ventes & alienations qui seront faictes ausdits entrepreneurs, sans preiudicier pour ce en autres cas aux droicts desdits lignagers & seigneurs
feodaux.

VIII.

Tous les maraiz, palus & terres inondees qui
sont de nostre Domaine, & seront desseichez par
lesdits entrepreneurs en vertu dudit Edict, seront
nobles, & les declarons dés à present de ladite nature & qualité, pour en iouyr par lesdits entrepreneurs & ceux qui auront droict d'eux, noblement
en fief, & en toute Iustice haulte, moyenne &
basse, à la charge de les releuer de nous & des
droicts qui nous deuront appartenir à cause de ce,
selon les coustumes des lieux où lesdites terres seront assises. Permettons neantmoins à chacun desdits entrepreneurs & associez en particulier de disposer de sa part, & la mettre en censiue & roture si
bon luy semble. Et pour le regard des terres qui
sont en la seigneurie censiue ou directe des communautez & seigneuries particulieres, n'entendons
y toucher: mais voulons que ce qui aura esté stipu-
lé & conuenu par les contracts & traictez faicts de
gré à gré, soit suiuy & gardé.

IX.

Et afin que lesdits entrepreneurs puissent faire

habiter & cultiuer lefdits maraiz & terres inondees,
qui feront par eux deffeichees , leur permettons
auffi d'y faire baftir & conftruire des bourgs & villages , és lieux & endroits qu'ils iugeront les plus
commodes, & en iceux des Eglifes parochiales, &
y eftablir des foires & marchez , pourueu qu'és
iours aufquels fe tiendront lefdites foires & marchez , il n'y en ait à quatre lieües à la ronde.

X.

Dans lefquels bourgs & villages & terres deffeichees, tous eftrangers feront receuz , & y pourront
habiter & conftruire maifons , cultiuer les terres,
pour les rendre fertiles & en bon eftat, & y trauailler, faire routes fortes d'ouurages, manufactures &
traficq : ce que faifant ils feront tenus & reputez
pour vrais & naturels François pour iouyr des mefmes droicts, franchifes & priuileges qu'eux ; Apres
neantmoins qu'ils auront declaré pardeuant nos
Iuges les plus prochains , où defquels reffortiffent
lefdits lieux , qu'ils y eflifent leur domicile & ha-
bitation ordinaire , & qu'ils auront prins vn certificat de leur demeure, qui leur fera deliuré par les
entrepreneurs, ou l'vn d'eux. Lequel acte de leur
declaration fufdite & certificat feruiront de lettres
de naturalité en vertu des prefentes, fans qu'il leur
foit befoin d'autre expedition.

XI.

Lefquels eftrangers naturalifez, apres auoir tra-
uaillé audit deffeichement , ou cultiué partie des
terres deffeichees trois ans continus , pourront fe
retirer , fi bon leur femble en autres lieux de la
France, pour s'employer aux manufactures , nego-

tiations, traficq & labeur, fans pource perdre leurs priuileges & naturalité.

XII.

Et pour inciter encores d'auantage lefdits eftrangers à venir habiter & cultiuer lefdits maraiz, terres deffeichees, bourgs ou villages côftruits par lefdits entrepreneurs: Voulons qu'ils demeurent exempts pendãt vingt annees de toutes tailles pour les biens qu'ils tiendront efdits lieux, non toutesfois pour ceux qu'ils pourront acquerir és autres endroits du Royaume : pour le regard defquels ils contribueront tout ainfi que nos autres fubjets. Le femblable fera obferué pour les naturels François qui acquerront des biens & poffeffions efdits maraiz deffeichez & reduits en culture & prairies. Et quant à la traitte foraine, Nous les en auõs auffi exemptez à perpetuité pour toutes fortes de chofes & denrees, tant groffes que menues, qui ne font à prefent comprifes en nos fermes.

XIII.

Voulons en outre que ceux qui refideront efdits lieux , foient exempts de toutes charges perfonnelles, comme commiffions de Iuftice , affiette & collecte des tailles, charges de villes & communautez, guet & garde des portes & places fortes, tutelles & curatelles , & autres femblables , finon que ce foit pour & au dedans de l'eftendue defdits maraiz , terres deffeichees, bourgs, & villages conftruits par lefdits entrepreneurs , & au profit des perfonnes qui y demeureront, ou des enfans de ceux qui y feront decedez.

XIIII.

Es Prouinces & endroits où les tailles sont reelles & payees par les possesseurs de quelque qualité qu'ils soient, pour les heritages tenus en roture, & non pour les heritages nobles, si lesdits entrepreneuts y acquierent quelques maraiz & terres inondees, qui auparauant leur acquisition n'estoient subjettes à aucune contribution, mais exemptees & tenues noblement, ils en iouyront auec la mesme immunité. Et pour le regard des maraiz & terres qui estoient roturieres, & n'auoient esté exemptees que pour ceste seule consideration, qu'elles ne rapportoient aucun profit aux possesseurs d'icelles estant mises en valeur : La moitié sera exempte pour iamais desdites contributions, sans qu'elle puisse estre comprise en roolle des tailles & cadastres qui se feront des heritages esdits lieux. Et l'autre moitié iouyra de ceste exemption pour vingt ans seulement : mais ledit temps passé y sera assubiettie, tout ainsi que les autres heritages de mesme qualité & nature.

XV.

Auons pareillement ordonné que lesdits maraiz & terres qui auront esté desseichees & mises en culture, ne payeront aucune dixme, soit aux Ecclesiastiques ou autres seigneurs seculiers qui les pourront pretendre, comme estans au territoire dans lequel ils ont droict de leuer & perceuoir dixmes, & ce durant le temps de dix ans, à compter du iour que lesdits maraiz auront esté reduits en culture. Lequel passé seront tenus les possesseurs desdits heritages les payer : mais à raison seulement de cin-

quante gerbes l'vne, ores que les dixmes des Pa-
roiſſes où leſdits heritages ſeront aſſis , ou bien des
lieux circonuoiſins , ayent accouſtumé d'eſtre
payees à plus hault compte.

XVI.

Et ſur ce que les entrepreneurs nous ont re-
monſtré qu'ils feroient volontiers des canaux aſſez
larges & profonds pour la nauigation , és lieux &
endroits où la commodité ſ'en offriroit , encor que
ceſte deſpenſe ne fuſt neceſſaire pour la perfection
de leurs ouurages : pour les inciter dauantage de le
faire , comme eſtant vn trauail qui doit eſtre vtile à
tous nos ſubjets : Nous leur auons promis & accordé , apres que leſdits ouurages & canaux auront
eſté faicts , d'y eſtablir des peages à leur profit &
pour leurs ſucceſſeurs à perpetuité, tels & ainſi que
le iugerons raiſonnable , ayant eſgard aux fraiz que
leſdits entrepreneurs auront faicts pour les con-
ſtruire à la deſpenſe de l'entretenement & vtilité
publique.

XVII.

Et d'autant qu'ils feront ledit deſſeichement à
leurs deſpens , perils & fortunes , tous les comptes
qu'ils aurót à rendre pour raiſon de ce , ſeront ren-
dus & examinez entre eux meſmes comme affaires
particulieres , ſans qu'ils ſoient ſujets à aucune red-
dition de compte pardeuant nos Officiers quels
qu'ils ſoient, ſi bon ne leur ſemble.

XVIII.

Leſdits entrepreneurs & tous ceux qui auront
charge & pouuoir d'eux , ſoit pour arpenter leſdits
maraiz qu'on voudra deſſeicher & mettre en cul-

ture, dresser les plants & figures, faire les allignemens & toutes autres sortes de marques concernans ledit desseichement & canaux nauigables, pourront entrer, passer & repasser par les heritages d'autruy quand il sera necessaire, ou qu'ils ne pourront prendre ledit passage ailleurs qu'auec trop d'incommodité: à la charge toutesfois de payer de gré à gré l'interest du maistre & proprietaire (si aucun interest y a eu) s'ils ne s'en peuuent accorder selon qu'il sera arbitré & iugé sommairement par le Iuge ordinaire du lieu, ou les Commissaires qui seront par nous à ce ordonnez: sans que pour raison desdits differeds (s'il y auoit quelque longueur) l'ouurage puisse estre en aucune sorte empesché & retardé.

XIX.

Pourront lesdits entrepreneurs, pour faire ledit desseichement & la construction & entretien des canaux nauigables & non nauigables, & des digues, leuees, escluses, ponts & autres ouurages, dresser des reglemens tels que bon leur semblera pour leur commodité particuliere: Mais s'ils en veulent obliger autruy & le public, ils les mettront en mains des Commissaires qui en feront leur rapport au Conseil pour les y faire voir considerer & auctoriser, & iusques à ce ne pourront seruir de loy & reglement.

XX.

Et d'autant que les ouurages d'eauë & les saisons de trauailler aux maraiz & terres inondees pour les desseicher & les garantir contre les inondations & desbordemens de la mer & des riuieres & torrents,

ne peuuent receuoir aucune demeure ne delay a-
ptes la befongne commencee : Nous auons permis
& permettrons aufdits entrepreneurs de faire trauailler audit deffeichement & entretien d'iceluy
pendant les feftes quãd befoin fera, fauf & excepté
les Dimanches, les quatre feftes folennelles, &
feftes de noftre Dame & d'Apoftre, pendant lef-
quelles leur trauail ceffera, felon & ainfi qu'il a cy
deuant efté ordonné par nos Edicts.

X X I.

Sera auffi loifible aufdits entrepreneurs de faire
abatre & ofter tout ce qui les pourroit empefcher
ou retarder de faire ledit deffeichement, comme
les efclufes, glacis, moulins, & tous autres obfta-
cles qui arrefteroient le coulement des eauës, & les
empefcheroient de paffer & continuer leurs tranchees, foffees, canaux, leuees, ponts, chemins, &
tous autres ouurages neceffaires pour l'execution
de leur entreprife, en reparant neantmoins de gré
à gré le dommage qu'ils feront à autruy : & f'ils ne
f'en peuuent accorder, en le faifant au prealable vi-
fiter par les Iuges des lieux ou Commiffaires qui
feront par nous deputez pour cognoiftre la commodité ou incommodité des chofes & en faire eftimation, afin que lefdits entrepreneurs defdomma-
gent les particuliers intereffez, felon & ainfi qu'il a
efté cy deffus dit en l'article dix-huictiefme.

X X I I.

Et d'autant que par le moyen dudit deffeichement fait aux defpens, perils & fortunes defdits entrepreneurs, tous lefdits maraiz & terres inondees
feront ameliorees & de beaucoup plus grande va-

leur, en telle sorte que la moindre partie vaudra
plus que ne fait le tout à present : Nous auons ordonné & ordonnons qu'apres qu'ils auront fait ledit desseichement, soit en vertu de l'Edict, ou en
vertu des contracts & traittez faits auec les particuliers, la part qui leur appartiendra, sera & de-
meurera franche, libre & quitte de toutes debtes,
doüaires, engamens, hypothecques, & autres charges & pretensions generalemét quelconques dont
lesdites terres pourroient estre auparauant char-
gees enuers qui que ce soit, sauf à ceux qui y pre-
tendroient droict d'hypothecque ou autres, d'auoir
recours sur la portion qui sera demeuree aux seigneurs proprietaires, ou sur les cens, rentes & de-
uoirs qu'ils se seront reseruez.

XXIII.

Et pour le regard des maraiz, palus & terres inondees, qui seront acquises par lesdits entrepreneurs à prix d'argent; Auons ordonné pour l'vtilité
publique, & seureté desdits acquereurs, que l'hypothecque qui estoit sur lesdits maraiz, sera trans-
muee & remise sur les deniers en prouenans, & à
cet effect que les creanciers seront colloquez sur
iceux suiuant l'ordre de leurs hypothecques, &
tout ainsi que si c'estoit vn immeuble. Et à ceste
occasion seront tenus lesdits acquereurs consigner
& depoter le prix de leurs achapts és mains des Re-
ceueurs des Consignations és lieux où il y en aura:
sinon és Greffes de la Iurisdiction Royale la plus
prochaine du maraiz aliené: par auctorité de laquelle les criees & proclamations seront faites
comme il est accoustumé en alienations par decret
des im-

des immeubles , & ce à la diligence du premier des
creanciers qui en voudra prendre la charge : & si
aucun ne se presente à la diligence desdits entrepreneurs qui en auront fait l'achapt. Les fraiz des-
quelles diligences seront prins sur les deniers de-
posez , puis au bout d'vn an , seront lesdits deniers
deliurez au proprietaire , auquel ils doiuent appartenir , ou distribuez par ordre d'hypothecque aux
creanciers si aucuns suruienuent dans ledit temps ;
lequel temps passé & lesdites proclamations faites
en la forme susdite , lesdits entrepreneurs en demeureront valablement deschargez , sans que souz
pretexte de minorité , absence ou autrement l'on
puisse plus s'adresser à eux , ne ausdits maraiz &
terres desseichees.

XXIIII.

Et afin que ce qui aura esté commencé par lesdits
entrepreneurs se puisse paracheuer selon leur intention , & que nuls autres ne les en diuertissent :
Nous auons defendu & defendons à toutes personnes, souz peine de mil liures d'amende , moitié
de laquelle appartiendra ausdits entrepreneurs, &
l'autre moitié à nous, & de plus grande peine si elle
y eschet , desbaucher ou faire desbaucher les gens
& ouuriers desdits entrepreneurs . Et auons ordonné & ordonnons que les Estrangers qu'ils auront fait venir en France , ou auront commencé à
trauailler pour eux & à leurs atteliers, ne pourront
de trois ans apres seruir à autres, ne trauailler à faire
fossez & desseichemens en autres lieux , sinon du
consentement desdits entrepreneurs : & s'ils le
faisoient, les pourront contraindre par Iustice de

retourner à leurs atteliers, ou de se retiter hors du Royaume.

X X V.

Et pour donner plus de courage ausdits entrepreneurs de continuer leur desseing, declarons estre nostre vouloir & intention de gratifier & honorer du tiltre de noblesse douze d'entre eux, choisissant ceux qui ne le sont point par leur naissance, que nous iugerons auoir plus de merite & contribuer d'auantage à la perfection desdits ouurages, à condition toutesfois que ceux qui auront esté decorez de ce tiltre de Noblesse, ne feront apres ledit anoblissement aucun acte derogeant à ladite qualité: nous reseruans en outre d'accroistre cy apres le nombre de douze, si nous iugeons que faire se doiue.

X X V I.

Lesdits entrepreneurs, leurs gens, & ceux qu'ils feront venir demeurer és terres qu'ils auront desseichees, & és Bourgs & Villages qu'ils auront construits, pourront seuls priuatiuement à tous autres par priuilege special, pendant vingt annees, faire en iceux des fromages à la façon de Milan, Turbes & höüilles de terres propres à brusler: comme aussi y faire venir des cannes de sucre, du ris & de la garance.

X X V I I.

Comme encores nous auons permis & permettons ausdits entrepreneurs, leurs domestiques & commis pour trauailler audit desseichement, de porter bastons à feu ausdits maraiz proche & au long d'iceux pour six ans seulement: esperant que

dedans ledit temps ils auront par leur soing, trauail
& aduance rendu lesdits maraiz peuplez & habi-
tez, & par ce moyen qu'ils n'auront besoin d'autres
armes & protection que de celles dont il est permis
à nos autres subjets d'vser.

Si donnons en mandement A noz
amez & feaux Conseillers les gens tenans nos
Cours de Parlement, Chambres des Comptes,
Cours des Aydes, Tresoriers generaux de France,
Surintendant general & grand Maistre reforma-
teur des eaux & forests de France, Seneschaux,
Baillifs, Preuosts, Vicomtes, leurs Lieutenans generaux & particuliers, & à tous nos autres Iusti-
ciers & Officiers, & à chacun d'eux comme à soy
appartiendra, Que le contenu en ces presentes ils
facent lire, publier & enregistrer, & le gardent, ob-
seruent, & facent garder, obseruer & entretenir de
poinct en poinct selon sa forme & teneur sans aller
ne venir, ne souffrir estre allé ne venu directement
ou indirectement au contraire en quelque sorte &
maniere que ce soit, Car tel est nostre plaisir : Non-
obstant quelconques ordonnances, reglemens, re-
strinctions, mandemens, defenses & lettres à ce
contraires, ausquelles nous auons derogé & dero-
geons pour ce regard, & à la derogatoire de la derogatoire y contenue. Et pource que de ces presentes on pourra auoir affaire en plusieurs & diuers
lieux, Nous voulons qu'au vidimus d'icelles fait par
l'vn de nos Secretaires ou par Notaires Royaux,
foy soit adioustee comme au present original ; auquel en tesmoin de tout ce que dessus, Nous auons
fait mettre nostre seel, sauf en autres choses nostre

C ij

droict, & l'autruy en toutes. Donné à Paris au mois de Ianuier, l'an de grace mil six cens sept. Et de nostre regne le dix-huictiesme. Signé, HENRY. Et à costé, Visa. Et plus bas est escrit, Par le Roy, De Lomenie. Et seellé sur double queüe de cire verde en lacqs de soye rouge & verde. Et au dessous est escrit ce qui s'ensuit,

Registrees, ouy le Procureur general du Roy, Pour iouyr par l'impetrant & associez du contenu en icelle, suiuant et aux charges des lettres de Iussion du cinq Iuillet, registrees à Paris en Parlement ce vingt-trosisiesme Aoust 1613. Signé, VOISIN.

DECLARATION FAICTE EN
consequence de l'Edict faict en faueur du desseichement des maraiz de France.

LOVIS par la grace de Dieu, Roy de France & de Nauarre, A nos amez & feaux Conseillers les gens tenans nostre Cour de Parlement à Paris, Salut. La cognoissance que le feu Roy nostre tres-honoré Seigneur & Pere, que Dieu absolue, a eüe du bien qui pouuoit reuenir à son Estat en general & à ses subjets en particulier de l'entreprise du desseichement des maraiz, paluds & terres inondees qui estoient en son Royaume, luy auroit faict desirer auec affection l'aduancement & succez de ladite entreprise, & en ceste consideration auroit fait son Edict du mois d'Auril 1599. en faueur de Humfroy Bradley Maistre des Digues de Frāce, qui auroit esté par vous verifié le vnziesme iour du

mois de Nouembre audit an, & depuis pour resou-
dre les difficultez & empeschemens qui auroient
esté donnez audit Bradley tant par procez qu'autrement en execution de ceste entreprinse, comme
aussi pour donner moyen audit Bradley de trouuer
des associez de qualité, industrie & moyens suffi-
sans pour mettre à effect vn si grand dessein, ledit
defunct Roy nostredit Seigneur & Pere par sa declaration du mois de Ianuier mil six cens sept y auroit suffisammét pourueu, & auroit concedé audit
Bradley & ses associez des priuileges & immunitez
pour leur donner suject de plus librement entreprendre les ouurages dudit desseichement, ce que
n'estant encores verifié par vous lors de nostre aduenement à ceste Couronne, nous aurions par nos
Lettres patentes du mois de Feurier 1612. confirmé
& approuué le contenu en ladite declaration, &
vous aurions mandé de proceder à la verification
pure & simple d'icelle selon sa forme & teneur,
mais ayant entendu les raisons & considerations
pour lesquelles vous auez differé iusques à present
de faire enregistrer lesdites Lettres en forme de declaration. Nous de l'aduis de nostre Conseil où
le tout a esté rapporté, Auons de nouueau & d'a-
bondant dict & declaré, disons & declarons par ces
presentes signees de nostre main, que nous voulons
& entendons que le quatriesme article de ladite
declaration ait lieu, à la charge que les proprietaires vsagers ou autres ayans droict esdits maraiz ne
pourront estre depossedez, sinon au cas que les
deux tiers desdits proprietaires ayent consenty le
desseichement desdits maraiz: auquel cas, l'autre

tiers sera tenu souffrir ledit desseichement aux mesmes charges & conditions que les deux autres tiers aurõt traicté auec les entrepreneurs, lesquels neantmoins ne pourront deposseder la moindre partie desdits proprietaires vsagers ou autres ayans droict esdits maraiz, en remboursant lesdits entrepreneurs de la plus valeur pour l'amelioriation par eux faicte esdits maraiz, qui sera estimee par le plus prochain Iuge Royal des lieux où ils seront assis, eu esgard à la valeur d'iceux auant le desseichemét, de laquelle à ceste fin sera faict estimation auant ledit desseichement, comme aussi de l'amelioration apres iceluy demeurant au choix du tiers desdits proprietaires vsagers & autres ayant droict de payer ladite estimarió ou suiure l'accord qui aura esté faict auec les deux autres tiers, VOVLONS & entendons aussi que l'exemption accordee par le treiziesme article de ladite Declaration soit limité aux personnes des entrepreneurs & de leurs enfans au premier degré, Et qu'il soit adiousté au seiziesme desdits articles que les Officiers Royaux plus proches des lieux serõt appellez pour voir niueler les eauës des maraiz qn'il conuiendra desseicher, afin qu'il soit pourueu à ce qu'il n'arriue aucune inondation dommageable de la riuiere prochaine. A la charge que lesdits entrepreneurs seront tenus d'entretenir à leurs fraiz & despens, les canaux si larges & profonds que la nauigation s'y puisse commodément faire. Voulons & entendons pareillement en esclarcissant les dix-huict & vingt-vn article que lesdits entrepreneurs ne puissent faire abbatre ne desmolir aucune chose qu'au prealable ils n'ayent

payé & defdommagé les particulieres qui pourront
eftre intereffez en ladite demolition fuiuant l'eftimation qui en aura efté faicte, conformément aufdits articles, comme auffi que les reglemens que
feront les entrepreneurs fuiuant le dix-neufiefme
article de ladite Declaration foient tels que bon
leur femblera, pour auoir lieu entre eux, mais s'ils
y veulent obliger d'autres ils le feront pardeuant
les Iuges des lieux le Subftitut de noftre Procureur
general appellé: Et pour le regard du vingt-troi-
fiefme article, Nous voulons & entendons qu'il
y foit adioufté au cas qu'il y aye faifie ou oppofitiõs
par quelques creanciers que publication fera faicte
de la vente des maraiz que lefdits entrepreneurs
voudront acquerir par trois Dimanches confecu-
tifs, & que l'argent configné ne pourra eftre deliuré
que deux ans apres la confignation demeurans
neantmoins les entrepreneurs dechargez apres l'an
qu'ils auront faict ladite confignation. Et finalement qu'il foit auffi adioufté au vingt-feptiefme
article que lefdits entrepreneurs ou ceux qui refideront efdits maraiz, bailleront les noms & fur-
noms de leurs domeftiques, au Greffe du plus
prochain Siege des lieux où ils voudront porter
baftons à feu. Si vous mandons & ordonnons
que les fufdites lettres de Declaration & ces prefentes vous ayez à faire lire, publier, & enregiftrer
le contenu d'iceux inuiolablement executer, garder, & obferuer de poinct en poinct felon leur forme & teneur, Car tel eft noftre plaifir. Donne'à
Paris le cinquiefme iour de Iuillet, l'an de grace mil
fix cens treize, & de noftre regne le quatriefme.

Signé, LOVIS. Et plus bas est escrit, Par le
Roy, la Royne Regente sa mere presente. De Lomenie. Et seellé de cire iaune du grand seel sur simple queüe. Et à costé est escrit,

Registrees, ouy le Procureur general du Roy. A Pa-
ris en Parlement le 23. Aoust 1613.
Signé, DV TILLET.

LOVIS par la grace de Dieu Roy de France &
de Nauarre, A nos amez & feaux Conseillers,
les gens tenans nostre Cour de Parlement à Paris,
Salut. Humfrey Bradley Maistre des Digues de
France, & ses associez en l'entreprise du desseiche-
chement des maraiz souz le benefice des Edicts à
eux concedez, Nous ont faict tres-humblement
remonstrer que sur les Lettres Patentes en forme
d'Edict à eux octroyees dés le mois de Ianuier 1607.
par nostre tres-honoré Seigneur & Pere le Roy
Henry le Grand que Dieu absolue, & que nous
leur aurions confirmees au mois de Feurier 1612.
s'estant trouué quelques difficultez, Pour les re-
soudre & en faciliter l'execution, Nous vous aurions addressé nos lettres de Declaration en forme
de Iussion du 5. iour de Iuillet 1613. par lesquelles
nous vous aurions faict entendre nostre vouloir &
intention : Suiuant laquelle vous auriez verifié &
faict enregistrer lesdites lettres patentes en forme
d'Edict, & ladite Declaration en forme de Iussion
sur icelles, par Arrest du 23. Aoust dernier: Mais
que depuis il s'est recogneu qu'il y auoit encores
quelque

quelque chofe en ladite Declaration qui n'eſtoit
aſſez intelligiblement exprimé, dont il pourroit
naiſtre des procez & differends à l'aduenir qui ſeroient grandement preiudiciables auſdits entrepreneurs, & pourroient interrompre le cours des affaires dudit deſſeichement, s'il ne leur eſtoit par
nous ſur ce pourueu. Meſmes ſur ce que nous ayás
ordonné par ladite Declaration, que le quatrieſme
article deſdites Lettres patentes auroit lieu, à la
charge que les entrepreneurs ayans traicté auec les
deux tiers des proprietaires, vſagers, & autres ayant
droict eſdits maraiz & terres inondees, ne pourroient depoſſeder l'autre tiers qui voudroit les rem-
bourſer de l'amelioration qui ſeroit par eux faicte
eſdits maraiz, auquel effect eſtimation ſeroit faicte
de la valeur d'iceux auant & apres le deſſeichemét,
demeurant au choix du tiers deſdits proprietaires,
& autres y ayant droict, de payer l'eſtimation de la
plus valeur, ou de ſuiure l'accord qui aura eſté faict
auec les les deux autres tiers, ſans qu'il ſoit exprimé
dans quel temps leſdits proprietaires, & autres
ayans droict eſdits maraiz, pourront faire ledit
choix, ce qui rendroit leſdits entrepreneurs incer-
tains de ce qu'ils auroient à faire, ne pouuans diſ-
poſer des terres qui ſeroient par eux deſſeichees,
pour n'en eſtre proprietaires aſſeurez tant que ladite option ſeroit à faire. Comme auſſi par le trei-
zieſme article deſdites Lettres en forme d'Edict,
ayant eſté accordé quelques priuileges perſonnels
à ceux qui reſideroient ſur leſdits maraiz eſtans deſſeichez, afin de donner ſujed de les faire valoir:
Par ladite Declaration, leſdites exemptions au-

roient esté limitees aux personnes des entrepreneurs , & de leurs enfans au premier degré, ce qui
n'apporteroit aucun aduantage ausdits associez qui
ne sont pas pour s'habituer sur les lieux , ainsi ceste
concession ne produiroit pas l'effect que nous en
esperons   Et finalement il est porté par ladite Declaration que le seiziesme article desdites Lettres
en forme d'Edict est emologué à la charge que lesdits entrepreneurs seront tenus d'entretenir à leurs
fraiz & despens les canaux, qu'ils seront si larges &
profonds , que la nauigation s'y puisse commodément faire , à quoy il a esté obmis d'exprimer les
canaux nauigables , nostre intention n'ayant esté de
contraindre lesdits entrepreneurs de faire tous les
canaux qu'ils feront pour ledit desseichement si
larges & profonds que la nauigation s'y puisse
faire , cela estant comme impossible & du tour inutile. Pour ce est il que nous desirans qu'il ne reste
aucun doute de nostre vouloir sur l'interpretation
de ladite Declaration qui puisse mouuoir des procez & retarder l'effect de ladite entreprise, N o v s
de l'aduis de nostre Conseil, Auons declaré & declarons par ces presentes signees de nostre main ,
que nous voulons & ordonnons que le riers desdits
proprietaires , vsagers & autres ayans droict esdits
maraiz qui seront desseichez sans leur consentement par lesdits Bradley & associez en vertu de
nosdites Lettres , seront tenus de faire leur option
& choix de retenir leurs terres estant desseichees
en payant l'amelioration selon l'estimation qui en
aura esté faicte , & y satisfaire dedans trois mois
apres que ladite estimation aura esté faicte eux pre-

sens ou deüement appellez , & qu'ils auront esté interpellez de declarer leur volonté , & à faute de ce faire dans ledit temps , & iceluy passé en vertu des presentes sans autre signification ne iugement ils seront tenus de suiure & entretenir les mesmes conditions & traictez qui auront esté faicts & accordez entre lesdits entrepreneurs & les proprietaires & autres ayant droict esdits deux autres tiers desdits maraiz. Que ceux qui seront habituez sur lesdits maraiz desseichez , & leurs enfans au premier degré ayás droict desdits entrepreneurs iouyront de l'exemption portee par ledit treiziesme article desdites Lettres en forme d'Edict , & que lesdits entrepreneurs seront tenus de faire seulement les canaux par eux destinez à la nauigation si larges & profonds que ladite nauigation s'y puisse commodément faire. Si vous mandons & ordonnons que cesdites presentes vous ayez à faire lire, publier & enregistrer , & le contenu d'icelle inuiolablement garder & obseruer de poinct en poinct selon sa forme & teneur : Car tel est nostre plaisir.

Donné à Fontainebleau le dix-neufiesme iour d'Octobre l'an de grace 1613. & de nostre regne le quatriesme. Signé, LOVIS. Et plus bas est escrit , Par le Roy, la Royne Regente sa mere presente , De Lomenie ,scellé de cire iaune du grand seel sur simple queüe, & à costé est escrit,

Registrees , ouy le Procureur general du Roy , pour iouyr par l'impetrant & associez du contenu en icelle. A Paris en Parlement le 3. Decembre 1614.

Signé,   DV TILLET.

EXTRAICT DES REGISTRES
du Conseil d'Estat.

SVR la Requeste presentee par Humfroy Brad-ley & ses associez, à l'entreprise du desseiche-ment des maraiz de France, à ce qu'attendu qu'au-cuns leurs malueillans & enuieux se sont trans-portez de nuict sur les leuees que les supplians ont faict faire pendant deux ans auec grands fraiz & despens pour desseicher les maraiz de Tonnay Charente, appartenans à la Dame de Mortemer, & ont ouuert & percé lesdites leuees en plusieurs lieux, en telle sorte que l'eaüe des maraiz voisins est entree sur lesdites terres desseichees & les a rem-plies & conuertes à la grande perte & dommage desdits supplians qui ont employé plus de quatre-vingt dix mil liures à ce trauail, qu'il plaise au Roy ordonner que le procez sera faict aux coulpables par le Lieutenant de Sainct Iean d'Angely, & sa sentence executee Preuostablement & sans appel, LE ROY EN SON CONSEIL A ordonné & ordonne qu'il sera expedié commission au Lieute-nant general Ciuil & Criminel dudit Sainct Iean d'Angely, pour informer contre ceux qui ont per-cé & faict les ouuertures ausdites leuees, faictes par les supplians esdits maraiz de Thonnay Charente, & faire & parfaire le procez aux coulpables iusques à sentence diffinitiue exclusiuement, pour le tout renuoyé au Conseil en estre par sa Majesté ordōné. Et pour euiter aux inconueniens qui pourroient cy

apres arriuer par le moyen de telles ouuertures suf-
fisantes pour faire submerger hommes & animaux
qui se trouueroient dans lesdits maraiz desseichez,
SA MAIESTE' faict inhibitions & defenses à
toutes personnes de faire à l'aduenir de telles ouuertures ausdites leuees, à peine d'estre punis cor-
porellement. Faict au Conseil d'Estat du Roy
tenu à Paris le 6. iour de Mars 1610.

Signé.   MALLIER.

ARREST ET REGLEMENT
faict par le Roy en son Conseil, sur le des-
seichement des maraiz de France.

AV ROY,

Et à Nosseigneurs de son Conseil.

IRE,
Humfroy Bradley Maistre des Digues
de France, & ses associez pour l'entreprise du desseichement des maraiz de
vostre Royaume, vous remonstrent tres-humblement, qu'il auroit pleu à vostre Majesté par son
Edict en forme de Declaration du mois de Ianuier
mil six cens sept, leur conceder & accorder plusieurs priuileges en faueur de ladite entreprise: Et
par iceluy declaré ses intention & volonté, sur les
difficultez proposees pouuoir naistre en l'execution dudit dessein. Mais comme il estoit mal aisé
les preuoir toutes pour les decider par ledit Edict,

voſtre Majeſté auroit renuoyé leſdits aſſociez à ſe
pouruoir pardeuers Meſſieurs les Commiſſaires
par elle deputez ſur le faict dudit deſſeichement,
pour leur eſtre faict droict, ſur les obſtacles qui ſ'y
pouuoient rencontrer. C'eſt pourquoy leſdits ſupplians pour eſtre reſolus des difficultez qu'ils ont
trouuees & non preueües, recourent à voſtre Majeſté à ce qu'il luy plaiſe leur pouruoir, & ſingulierement ſur les articles qui enſuiuent.

Premierement, que pluſieurs Villes & Communautez eſtans retenues de traicter auec les ſupplians, de leurs maraiz & terres inondees, crainte
qu'apres le deſſeichement quelques autres n'obtiennent de voſtre Majeſté la part qu'ils ſe ſeroient
reſeruee, ſous couleur que la diſpoſition des terres
vaines & vagues vous appartient, ou ſouz quelque
autre pretexte : ce qui les priueroit non ſeulemēt de
la commodité qu'ils en eſperent : mais auſſi de celle
dont ils iouyſſent à preſent, Voſtre Majeſté eſt treshumblement ſuppliee, Ordonner que toutes les
parts & portions deſdits maraiz & terres inondees,
dont icelles villes & communautez iouyſſent à preſent, & qui leur ſont demeurees & demeureront
par les contracts faits auec leſdits ſupplians ne leur
pourront eſtre oſtees, ains en iouyront plainement & paiſiblement, ſans pouuoir eſtre troublez ny inquietez ſouz couleur deſdites donations
ou autre pretexte, en payant toutesfois par leſdites Communautez, ou les ſupplians ſ'ils en ſont
chargez par les contracts les droicts & redeuances
que le total deſdits maraiz & terres inondees de

uront à ſadite Majeſté ou autres à qui ils ſerone deubs.

Sa Majeſté ordonne que les parts & portions des maraiz &
terres inondees, que les Villes & Communautez ſe ſont reſeruees,
& ſe reſerueront cy apres par les contracts ſa faicts ou à ſaire, auec
leſdits aſſociez dont elles iouyſſent à preſent, & ont iouy paiſible-
ment depuis cinquante ans, leur demeureront en pleine proprieté,
ſans qu'ils puiſſent y eſtre troublez ny inquietez, ſous pretexte des
dons que l'on en pourroit obtenir, ou auroient eſté obtenus de ſa
Majeſte, en continuant de payer à ſadite Maieſté, ou autre à qui
il ſeroit deub pareilles redeuances & denoirs qu'ils faiſoient aupara-
uant ledit deſſeichement d'iceux maraiz.

Qu'encores que par le quatrieſme article dudit Edict, il ſoit ordonné aux proprietaires & autres pretendans droict és moindres parts & portions des maraiz par les ſupplians entreprins de deſſei-cher du conſentement des ſeigneurs & proprie-taires des plus grandes parts de ſuiure & obſeruer les conditions des autres voiſins, ou de laiſſer leurs maraiz pour leur iuſte valeur ſelon l'eſtimation qui en ſeroit faicte par les Iuges ou Commiſſaires à ce deputez, & que ceſte Declaration & Ordonnance ſe puiſſe entendre pour toutes ſortes de perſonnes indifferemment, tant pour biens appartenans à voſtre Majeſté, Mineurs, qu'autres qui ſeront en ſaiſies & criees ou autrement conteſtez, ils ſup-plient tres humblement voſtre Majeſté, declarer & ordonner qu'ils pourront trauailler eſdits maraiz & terres inondees appartenans à voſtre Majeſté, auſdits mineurs ou eſtans litigieux par ſaiſie, criees ou autres controuerſes, aux meſmes charges, clau-ſes & conditions que pour les autres dont ils au-roient contracté, ou bien en payant ou conſignant

la iuste valeur suiuant l'estimation qui en sera faicte
par les Iuges des lieux ou Commissaires comme il
est porté par ledit quatriesme article.

Pourront lesdits associez en trauaillant au desseichement des-
dits maraiz & terres inondées, pour lesquelles ils auroient ia con-
tracté, desseicher & disposer des maraiz contigus, pourueu qu'ils
soient en moindre quantité que celle desdits maraiz, en terres dont
ils auroient ia contracté, soit qu'ils appartiennent à sa Maiesté, aux
mineurs ou autres qui n'ont pouuoir ny liberté de contracter, com-
me aussi de ceux qui sont litigieux ou qui sont saisis ou mis en criées.
Lesquels par le desseichement pour lequel ils auront ia contracté,
receuroient commodité ou descharge des eaues qui les rendoient in-
utiles ou moins commodes ou profitables, & ce aux mesmes charges,
clauses & conditions que les autres maraiz, pour lesquels ils au-
roient contracté en la mesme continance, ou en payant leur iuste
prix & valeur, suiuant l'estimation qui en sera faicte comme il est
porté par le 4. article de ladite Declaration, sur lequel prix les
creanciers & pretendans droict seront colloquez ainsi qu'il est or-
donné par les 22. & 23. articles de ladite Declaration.

Qu'il plaise à sa Majesté, ordonner que les proprietaires ou possesseurs des terres & heritages voisines qui se ressentiront dudit desseichement & en
amenderont, Seront tenus contribuer aux fraiz
qu'il conuiendra faire pour l'entretenement desdites chaussees & leuees, selon l'amelioration &
commodité que ledit desseichement leur aura ap-
porté, ce qui sera arbitré par les Commissaires.

Sa Majesté entend que ceux qui se ressentiront du benefice &
commodité dudit desseichement, contribuent au prorata du bien &
amendement qu'ils en receuront, ce qui sera iugé & liquidé par
lesdits Commissaires ou Iuges des lieux, ausquels en est attribué
la cognoissance.

Comme par le septiesme article dudit Edict,
que le retraict lignager feodal n'auroit point de
lieu pour les acquisitions desdits maraiz qui se feront

ront par lesdits associez, QV'IL PLAISE aussi
à vostre Majesté ordonner qu'ayant contracté auec
qui que ce soit, & apres leurs ouurages faicts ou
commencez quelque autre pretendant la proprieté, vsage ou autres droicts esdits maraiz euince-
roient ceux auec lesquels ils auroient contracté,
les euicteurs seront tenus à l'obseruation des clauses & conditions du contract faict auec celuy qui
auroit esté euincé sans pouuoir pretendre aucune
chose de nouueau contre lesdits suppliants.

*Sadite Maiesté ordonne que si apres le desseichement faict,
ou commencé à faire de quelques maraiz & terres inondees, dont
lesdits associez auroient contracté, soit auec elle, les Ecclesiastiques
Communautez ou particuliers, qui auroient ou leurs autheurs iouy
paisiblement dix annees precedentes, quelqu'autre reclame la proprieté, vsage ou autre droict esdits maraiz & terres inondees, &*
les euincent, que les marchez & conditions conuenues & stipulees,
tiendront, ou seront obseruees par les euicteurs, sans y pouuoir pre-
tendre autre chose de nouueau contre lesdits associez.

Et comme par le seiziesme article de ladite Declaration, il leur a esté permis d'establir des peages
sur les canaux qu'ils seront nauigables par les maraiz qu'ils desseicheront ou au long d'iceux, & qu'à
ce mot du peage plusieurs s'ahurtent, mesmes les
Cours de Parlemens ont faict difficulté de le ve-
rifier, ils requierent qu'au lieu desdits peages il
leur soit loisible d'entreprendre seuls les nauiga-
tions sur lesdits canaux pour y faire porter tout ce
qui se presentera auec pouuoir de bailler ce droict
à ferme, à telles personnes qu'ils aduiseront, ou
autrement en disposer comme de leur chose pro-
pre sur les terres par eux acquises tant seulement
ainsi qu'il s'obserue en Flandre, nommément sur

E

les canaux qui vont de Bruxelles à Anuers, de Gand
au Sac, de Bruges à l'Escluse, & autres lieux.

Ordonne pareillement sadite Maiesté qu'au lieu des peages
que lesdits supplians peuuent prendre sur les canaux nauigables
qu'ils ont ia faits, ou pourront faire cy apres en consequence des
Edict & Declaration qui leur ont esté accordez, ils pourront
seuls entreprendre de faire porter dessus lesdits canaux tout ce qui
se presentera volontairement de gré à gré, auec les proprietaires
desdites marchandises, desquels droicts ils pourront disposer comme
de chose à eux appartenans, sans preiudice toutesfois des droicts de
sa Maiesté ou particuliers lesquels seront payez sur les marchan-
dises qui seront transportees par lesdits canaux, ainsi & en la
mesme forme qu'il est accoustumé d'estre payé aux passages des
riuieres, & autres endroicts, par lesquelles elles sont à present
transportees.

Et d'autant que pour faire lesdits desseichemens
il est necessaire de faire de grandes tranchees, &
coupper beaucoup de terres voisines desdits maraiz, ce qui ne peut estre faict sans endommager les
proprietaires qui les poutroient empescher, pour
n'estre le vingt vniesme article dudit Edict claire-
rement expliqué, VOSTRE MAIESTE est
tres-humblemét suppliee permettre ausdits associez
de faire lesdites tranchees sur les terres du voisinage
selon qu'elles se trouueront necessaires pour faire
ledit desseichement & conduicts desdits canaux &
chemins, en payant par eux aux interessez le dommage qu'ils en receuront selon l'arbitrage des Iuges
des lieux où seront assis & scituez lesdits heritages, ou des Commissaires qui à ce faire seront deputez.

Sa Maiesté permet ausdits supplians en faisans ledit desseï-
chement, de prendre ce qui leur sera necessaire des terres voisines
desdits maraiz, pour faire leurs canaux, chemins, & leuees selon

les deuis & desseins qu'en auront faits ceux qui ont la conduite dudit dessechement. En payant toutesfois & recompensant les proprietaires desdites terres de gré à gré, ou selon qu'il sera arbitré par le Iuge des lieux, ou Commissaires qui à ce seront deputez, comme il est porté par les 18. & vingt-vniéme articles de ladite Declaration.

Les supplians ayans besoin d'vn grand nombre de personnes tant pour trauailler audit dessechement que pour habiter lesdits maraiz quant ils seront en estat d'estre cultiuez, qu'ils sont contraints faire venir auec leur mesnage de diuers lieux & les departir & introduire en plusieurs endroicts du Royaume, où ils feront ledit dessechement pour s'en seruir lors qu'ils en ont besoin, lesquels comme estrangers pourroient faire difficulté de quitter leur pays s'il ne leur est permis demeurer és Villes & Villages voisins & y exercer leur mestier & vacations, attendant que lesdits maraiz soient habitables auecques mesmes priuileges & libertez que les naturels François comme il leur est accordé apres ledit dessechement, SVPPLIENT VOSTRE MAIESTE', qu'il luy plaise permettre à tous Estrangers de quelque nation qu'ils soient faisans profession du Christianisme de pouuoir demeurer és Villes & Villages proches desdits maraiz, attendant qu'ils soient desseichez & habitables, sans qu'ils puissent estre troublez en la iouyssance des priuileges dont iouyssent les naturels François, & tout ainsi qu'il a pleu à vostre Majesté leur accorder par l'article dixiesme dudit Edict, lors qu'ils seront demeurans esdits maraiz desseichez pour

les labourer, cultiuer & y faire exercice de leur
mestier, traficq & vacation.

Permis ausdits Estrangers, quels qu'ils soient, pourueu qu'ils facent profession de la Religion Catholique, Apostolique & Romaine, ou pretendue reformee qui viendront en France, sous adueu desdits supplians, pour s'habiter esdits maraiz, de seiourner & demeurer és Villes, Villages, & autres lieux voisins d'iceux maraiz, en attendant qu'ils soient entierement desseichez pour y faire & exercer leurs mestiers & t afficq. En quoy faisans sadite Majesté, veut & ordonne qu'ils ioüissent du droict de naturalité, accordé par le 20 article de ladite Declaration, ensemble des priuileges & immunitez y contenues, se comportans au surplus suyuant les Edicts, Loix et Ordonnances de sa Majesté.

Et par ce que par l'Arrest du Conseil sur la rupture des digues ou leuees, il est dict seulement qu'on se pourroit prendre à ceux qui auront faict lesdites ruptures, ce que mal aisément se pourra auerer, & partantledit Arrest leur demeure inutil & infructueux, Qu'il plaise à sadite Majesté declarer qu'on s'en pourra prendre aux proprietaires ou possesseurs des terres voisines qui receuront commodité desdites ruptures, comme estant à presumer contre eux plus que contre autres.

Permet sa Majesté ausdits supplians se pouuoir adresser aux plus proches voisins desdites ruptures de qui les terres en receuront commodité, conformement à l'Arrest de son Conseil du sixiesme iour de Mars mil six cens dix.

Faict au Conseil d'Estat du Roy tenu à Fontainebleau, le vingt-deuxiesme iour d'Octobre mil six cens vnze.

Signé,   De Fleuelles.

ARREST DONNÉ EN LA
Chambre des Comptes, sur la verification de l'Edict faict en faueur du desseichement des maraiz.

VEV par la Chambre les Lettres patentes du feu Roy dernier deceé en forme d'Edict, donnees à Paris au mois de Ianuier mil six cens sept, signees HENRY, & plus bas par le Roy, De Lomenie, Par lesquelles sa Majesté auroit accordé au sieur Humfroy Bradley, Gentil-homme du pays de Brabant, natif de Bargues sur le Zoom, maistre des Digues, & ses associez y desnommez, la poursuite de l'entreprise qu'il auoit faicte, & qui luy auoit esté accordee par ledit feu sieur Roy par son Edict du mois d'Auril 1599. pour le desseichement des maraiz & palus, & les rendre en nature de terres labourables, prez & pastis: lequel Edict sadite Majesté veut auoir lieu, & qu'il sorte son plein & entier effect pour tous lesdits associez & entrepreneurs, suiuant leur contract d'association, tout ainsi que s'ils estoient deuommez en iceluy, selon les ampliations, modifications & interpretations contenues esdites Lettres, pour vingts ans, à commencer du iour qu'elles auront esté verifiees en chacun Parlement, comme le contiennent lesdites Lettres, regist rees en Parlement le 23. Aoust mil six cens treize. VEV aussi les Lettres de Iussion à ladite Cour du 5. Iuillet de ladite annee, registrees en icelle ledit 23. Aoust audit an: Autres Lettres patentes du Roy à present regnant, don-

nees à Paris le deuxiefme iour d'Aouſt mil ſix cens
ſeize, contenant relief de ſurannation deſdites
Lettres du mois de Ianuier mil ſix cens ſept, &
mandement à ladite Chambre de proceder à la verification & entherinement d'icelles de poinct en
poinct ſelon leur forme & teneur : ledit Edict du
mois d'Auril mil cinq cens quatre vingts dix-neuf,
regiſtrees en icelle Chambre le 2. Auril 1600. Re-
queſte preſentee par ledit Bradley imperrant aux
fins de ladite verification. Conclufions du Procureur general du Roy, & tout confideré : LA
CHAMBRE a ordonné & ordonne lefdites Lettres eſtre regiſtrées, pour iouyr par les impetrans
de l'effect & contenu en icelles, aux charges portees par les Arreſts de la Cour de Parlement : &
outre que les Officiers qui feront Iuges dudit Edict
ne pourront entrer en affociation audit party, que
les terres qui feront miſes en cenſiue & roture
payeront les droicts ſuiuant les Couſtumes des
lieux, ou ſelon que les payent les terres plus pro-
chaines d'icelles. Que les Eſtrangers qui feront
employez au trauail deſdits deſſeichemens, & qui
voudront iouyr du tiltre de Nobleſſe, feront tenus
obtenir Lettres de ſa Majeſté, & icelles faire veri-
fier en ladite Chambre, auant que d'en pouuoir
iouyr, & que leſdits impetrans ne pourront eſtablir aucun peages ſans Lettres & permiſſion de ſa
Majeſté verifiees & regiſtrees où il appartiendra.
Faict le dix-ſeptieſme iour d'Auril mil ſix cens dix-
ſept. Au deſſouz eſt eſcrit,

Extraict des Regiſtres de la Chambre des Comptes.
Et ſigné,   BOVRLON.

EXTRAICT DES REGISTRES
de la Cour des Aydes.

VEV par la Cour les Lettres patentes du Roy dernier decedé, en forme d'Edict, donnees à Paris au mois de Ianuier 1607. signees HENRY, & plus bas, Par le Roy, De Lomenie, & seellees du grand seau de cire verte, Par lesquelles & pour les causes y contenues, sa Majesté auroit accordé au sieur Humfroy Bradley, Gentil-homme du pays de Brabant, natif de Bargues sur le Zoom, maistre des Digues, & ses associez y desnommez, l'entreprise qu'il auoit faicte, & qu'il leur auroit esté accordee par ledit feu Roy par son Edict du mois d'Auril 1599. pour les desseichemens des maraiz & palus, & les rendre en nature de terres labourables, prez & pastils: lequel Edict sadite Majesté veut auoir lieu, & qu'il sorte son plein & entier effect pour tous lesdits associez & entrepreneurs, suiuant leur contract d'association, tout ainsi que s'ils estoient desnommez en iceluy, selon les ampliations, modifications & interpretations contenues esdites Lettres, pour vingt ans, à commencer du iour qu'elles auront esté verifiees, ainsi que le contiennent plus amplement lesdites Lettres registrees en Parlement le 23. Aoust 1613. Autres Lettres patentes en forme de Iussion. VEV aussi autres Lettres patentes du Roy à present regnant, donnees à Paris le 2. iour d'Aoust 1616. contenant relief de surannaton desdites Lettres du mois de

Ianuier 1607. & mandement de proceder à la verification & entherinement d'icelles, de poinct en
poinct selon leur forme & teneur. Arrests de verification desdites Lettres, tant au Parlement que
Chambre des Comptes. Requeste presentee à ladite Cour, tendante aux fins de verification desdites Lettres: Conclusions du Procureur general du
Roy, & tout consideré: LA COVR a ordonné
& ordonne que lesdites Lettres en forme d'Edict
du mois de Ianuier 1607. Et Declaration du Roy
du 2. Aoust 1616. seront registrees au Greffe, pour
iouyr par les impetrans du contenu en icelles, aux
charges qui ensuiuent, Assauoir, Sur le cinquiesme
article, qu'ils en vseront sans fraude, à peine d'estre
descheuz desdites exemptions : Sur le seiziesme,
qu'aucuns droicts ne pourront estre establis & per-
ceuz sur les canaux y mentionnez, sinon en vertu
des Lettres patentes du Roy bien & deüement verifiees en ladite Cour : Sur le vingt-cinquiesme,
que ceux desdits entrepreneurs que le Roy anno-
blira en prendront Lettres qui seront verifiees en
ladite Cour : Et seront tenus de satisfaire aux autres
charges & conditions portees par lesdites Lettres,
à peine de descheoir de leurs priuileges. Prononcé
le dix-neufiesme iour de Iuillet, mil six cens dix-
huict.

  Signé,   PAVLMIER.

www.ingramcontent.com/pod-product-compliance
Lightning Source LLC
LaVergne TN
LVHW021755060726
842528LV00003B/958